# gespräche mit jonas

..machen Mut zum Leben

# Erzähl bloß nichts
# vom Sterben

Wolfgang Nicolaus

Bibliografische Information
der Deutschen Nationalbibliothek:
Die Deutsche Nationalbibliothek verzeichnet
diese Publikation in der Deutschen National-
bibliografie. Detaillierte bibliografische Daten
sind im Internet über http://dnb.dnb.de abrufbar.
© 2022, Wolfgang Nicolaus
Herstellung und Verlag:
BoD – Books on Demand, Norderstedt

ISBN
9783756218943

**www.gespräche-mit-jonas.de**

Wolfgang Nicolaus

Blasewitzer Ring 7, 13593 Berlin

Tel.: 03036742015

Mail: opanic@web.de

Covergestaltung: Wolfgang Nicolaus

Bildnachweis: itsmejust 123 RF

# Inhaltsverzeichnis

## Hinweis

Hier werden Gespräche zwischen Jonas und dem Autor wiedergegeben. Die Informationen, die währenddessen von Jonas kommen, sind von ihm auf meinen individuellen Weg zugeschnitten und aus himmlischer Sicht zu interpretieren. Eine Allgemeingültigkeit ist daher nicht ableitbar. Es können Informationen in das eigene Leben integriert werden, sofern sie nützlich erscheinen.

Die Gespräche mit Jonas weichen auch oft von dem ab, was über Themen wie diese üblicherweise geschrieben wird, weil er eine ganz andere Übersicht hat als Menschen, die aus einem begrenzen Sichtfeld agieren.

Kraft deiner eigenen Entscheidungsfreiheit kannst du dem Dialog mit Jonas unter diesem Aspekt etwas abgewinnen oder nicht. Das bleibt ganz dir überlassen.

## Wer ist Jonas?

Jonas ist mein übergeordneter Begleiter, Freund und abendlicher Gesprächspartner aus einer höheren Daseinsebene. Er hilft mir, Lebensebenen, auch weit über dieses irdische Leben hinaus, zu erforschen. In jedem Falle werden mir dabei viele neue, interessante Betrachtungen aufgezeigt. Wenn Jonas etwas mit mir bespricht, ist seine Antwort schon in meinem Kopf, bevor ich eine Frage zu Ende gebracht habe. Dabei ist er schonungslos offen und gibt Antworten, die mich oft sehr nachdenklich machen. Und das ist gut so, sonst komme ich mit meiner inneren Entwicklung nicht weiter. Ab und zu muss ich einen Tritt in den Allerwertesten haben, bevor ich den gleichnamigen bewege. Jonas ist Freund, nicht Lehrer. Das macht Sinn, wenn man bedenkt, dass ich eigene Erfahrungen machen muss, um Erkenntnisse daraus zu gewinnen. Er gibt Anstöße zum irdischen Leben in Ausrichtung auf die Werte, die im Himmel als Existenzgrundlage unabdingbar sind.

## Stell dir einmal vor

Du warst auf dem Mond und möchtest jemanden davon erzählen. Voller Begeisterung berichtest du von deinem Erlebnis, und wie schön es dort war.

Fast immer kommt Folgendes: *„Wohl nicht alle Latten am Zaun? Woher hast du diesen esoterischen Unfug? Träum mal schön weiter. Von welcher Sekte kommst du gerade?"*

Im besten Falle erntest du ein süffisantes Lächeln. Darin ist direkte Ablehnung ablesbar. Neugier und Interesse sehen anders aus.

Irgendwann sprichst du nicht mehr darüber und registrierst, dass so etwas nicht ansatzweise in die Wahrheitswelt der meisten Zeitgenossen hineinpasst.

**Jonas, ich habe ein Problem**

„Was bedrückt dich?"

„Gestern wollte ich einem Bekannten berichten, wie ich dich kennengelernt habe."

„Interessant. Wie war dessen Reaktion?"

„Na ja, nicht so wie ich es erwartet habe."

„Aha. Dann erzähl doch mal."

„Zunächst dies: Ich gehe nicht auf den Marktplatz und rufe allen zu, dass ich dir begegnet bin, als ich an der Schwelle zum Tod stand."

„Gut, solltest du auch nicht tun."

„Aber bei vertrauten Menschen kann man das doch machen, oder?"

„Hattest du diesen, sogenannten vertrauten Menschen denn im marktschreierischen Sinne angesprochen?"

„Wenn du so direkt fragst, ich glaube ja."

„Und wie war die Reaktion?"

„Er setzte das eingangs beschriebene, süffisante Lächeln auf. Ich spürte direkt, was hinter seinem Gesicht vor sich ging. Da machte sich eine ablehnende Haltung breit."

„Was meinst du, warum er so reagierte?"

„Vielleicht hat er mit solchen Dingen nichts am Hut und fühlte sich überfahren."

„Irgendwie kann ich seine Reaktion nachvollziehen."

„War ich vielleicht zu forsch?"

„Wahrscheinlich schon. So hast du wohl nicht das erreicht, was du eigentlich erreichen wolltest."

„Was wollte ich denn deiner Meinung nach erreichen?"

„Überlege mal."

„Ich weiß nicht, was du meinst."

„Wäre es möglich, dass du deinem Bekannten von deinem Nahtoderlebnis berichten wolltest, weil du meinst, dass dies die Wahrheit ist?"

„Ich denke, du hast recht, Jonas."

„Zwangsläufig musst du dann damit anecken, mein Lieber."

„Wieso?"

„Überzeuge jemanden von einer Sache, die nicht in seine eigene Wahrheitswelt hineinpasst. Das wird schwierig."

„Was könnte ich denn tun, um ihn zu überzeugen?"

„Wovon willst du ihn überzeugen? Das dein Nahtoderlebnis real war, und damit die Wahrheit ist?"

„Genau das meine ich. Es war real."

„Und damit wahr?"

„Natürlich."

„Für wen war es die Wahrheit?"

„Für mich."

Ok. Also nur für dich!"

„Jonas, wir spalten jetzt Haare!"

„Ganz und gar nicht. Du wertest dein Erlebnis als Wahrheit. Als Wahrheit für dich. Aber das ist noch lange nicht seine Wahrheit. Du versuchst etwas, was auch bei dir mit viel Überzeugungsarbeit verbunden wäre."

„Versteh ich nicht. Er hätte es doch so stehen lassen können. Hast du einen Rat für mich?"

„Warum willst du ihn überhaupt überzeugen?"

„Eine gute Frage, Jonas. Du machst mich jetzt verlegen."

„Dein Bekannter hatte nicht dein Erlebnis, ganz einfach. Also ist es nicht seine Wahrheit, sondern nur deine. Ganz klar."

„Er hätte mir doch nur zuhören sollen."

„Du wolltest ihm etwas vermitteln, was er gar nicht nachvollziehen kann."

„Jonas, das weiß ich selbst. Deshalb wollte ich es ihm ja erklären! Wie kann ich erreichen, dass er sich wenigstens interessiert?"

„Gar nicht."

„Wie, gar nicht. Sollte ich nicht wenigstens den Versuch machen?"

„Versuch macht klug. Aber du kennst doch die Reaktion schon vorher, oder?"

„Stimmt eigentlich."

„Vielleicht liegt der Fehler darin, dass du versucht hast, jemanden unaufgefordert davon zu erzählen."

„Da könnte was dran sein."

„Nicht könnte. Es ist so, ich kenne dich doch. Du willst davon erzählen, weil es dich selbst so beeindruckt hat, oder?"

„Ist das denn nicht ok?"

„Ja und nein. Gibst du dein Wissen unaufgefordert zum Besten, fühlt sich dein Zuhörer überfahren. Er will das nicht hören, gibt es aber nicht gleich zu. Er will dich nicht direkt verletzen. Deshalb dieses süffisante Lächeln. Hinzu kommt noch, dass das, was du zu berichten hast, übrigens nicht nur für ihn, unglaubwürdig klingt."

„Wem also könnte ich davon berichten?"

„Denk mal nach."

„Dem, der danach fragt?"

„Genau. Hat dich denn dein Gesprächspartner gefragt?"

„Ich meinte es."

„Wie kommst du darauf?"

„Wir sprachen kurz über Gott und die Welt. So ein Allerweltsgespäch eben. Glaube und Gott kam darin auch vor."

„Was hast du dabei festgestellt?"

„Das Thema war ihm nicht so geheuer. Er wollte es irgendwie beenden, wusste aber wohl nicht wie. Sein Gesicht drückte Unwohlsein aus."

„Und du hast nicht aufgehört und weiter erzählt, stimmts?"

„Wenn du das so sagst, sehe ich das jetzt auch so. Was hätte ich besser machen können?"

„Ihn einfach nur mal fragen, ob es ihn wirklich interessiert. Was denkst du, hätte er geantwortet?"

„Es interessiert mich nicht wirklich."

„Er hätte auch sagen können, lass mich mit dem Unsinn in Ruhe. Ich glaube nicht an solche Dinge. Oder er hätte nur Interesse vorgespielt, um dich nicht zu verletzen."

„Das wäre möglich, ja."

„Wie sieht denn echtes für dich Interesse aus?"

„Er hätte zum Beispiel gefragt, wie ich selbst damit umgehe. Und warum es für mich wichtig war, diese Erfahrung zu machen, und so weiter. Wo liegt mein Fehler, Jonas?"

„Du willst etwas von deinem Zuhörer, nicht er von dir."

„Jetzt verstehe ich gar nichts mehr."

„Du wolltest, dass er dir glaubt, wovon du erzählst. Kritik war von dir nicht eingeplant."

„Hä?"

„Und wenn du Kritik erntest, bist du ungehalten."

„Nein, bin ich nicht. Er hätte sagen können, dass er so etwas nicht hören will!"

„Aber das hat er doch auch!"

„Wie denn? Indem er mich auslacht?"

„Er hat dich nicht ausgelacht. Das empfindest nur du so. Er zeigte Unwohlsein. Und das hättest du erkennen können. Aber nein, du musstest ja weitermachen. Damit hast du ihn praktisch überfahren."

„Hätte ich besser hinter dem Berg halten, und gar nichts darüber erzählen sollen?"

„Nicht unbedingt. Du könntest intensiver auf dein Gegenüber achten. Er wird dir schon mit seiner Körpersprache zeigen, ob Interesse vorliegt, oder nicht. Bestenfalls sagt er direkt, was er davon hält. Aber das wird selten passieren, also bist du auf deine eigene Aufmerksamkeit angewiesen. Wenn du etwas ungefragt erzählst, dann musst du immer mit einer Reaktion rechnen, die dir nicht gefällt."

„Jetzt sagt er zum Beispiel, ja, ich will etwas davon wissen, ich bin neugierig. Wie kann ich etwaige Sensationslust von wirklichem Interesse unterscheiden?"

„Das wird dir kaum gelingen, es sei denn du bist Hellseher.

Frag ihn doch, ob es ihn wirklich interessiert. Du wirst schnell feststellen, ob das wirklich der Fall ist."

„Wie stelle ich das fest, Jonas?"

„An der Art der Antwort spürst du schnell, ob er nur etwas vorgaukelt oder in der Tat interessiert ist. Achte dabei auch auf seine Körpersprache."

„Und wenn ich merke, dass er sich innerlich lustig macht, äußerlich aber Interesse bekundet?"

„Du kannst jederzeit das Gespräch geschickt abbrechen, indem du sagst, dass du heute nicht so tief in das Thema einsteigen möchtest. Später mehr. So kann er sein Gesicht wahren."

„Und dann spreche ich es nicht mehr erneut an? Oder bis er von selbst nachfragt?"

„Genau. Am besten, er fragt aus sich selbst heraus erneut nach. Du solltest über ein solches Thema nur reden, wenn du dazu aufgefordert bist und wirkliches Interesse besteht, oder du dich in gleichgesinnten Kreisen bewegst. Selbsthilfegruppen sind dafür eine gute Adresse."

„Da hast du recht, Jonas. Ich würde sonst nur seine eigene Wahrheitswelt in Frage stellen, oder?"

„Richtig. Jeder hat seine eigene Realität, die nicht so einfach aufgegeben wird. Eher geht's bei einem Gespräch um die Verteidigung der eigenen Meinung, und das Zurechtzimmern des neu Gehörten in die eigene Welt."

**Alles nur Einbildung oder Wunschdenken über Erlösung?**

„Jonas, ich habe nach meinem eigenen Erlebnis viel gelesen über Nahtoderfahrungen anderer. Es gibt zahlreiche Berichte und Videos darüber."

„Was konntest du dem entnehmen?"

„Grundsätzlich gibt es zwei Lager. Die eine Seite glaubt daran und schaut sich ebenfalls diese Videos an, die anderen nicht und verhalten sich manchmal auch recht gegnerisch."

„Weitere gibt es nicht?"

„Vielleicht noch die Zweifler. Oder auch noch die, die selbst ein solches Erlebnis hatten, damit aber nicht so richtig etwas anfangen können. Sie berichten nicht davon, weil eine gewisse Furcht davor besteht ausgelacht zu werden."

„Kannst du mehr über die vermeintlichen Gegner berichten?"

„Oft sind es die sogenannten Wissenden (eine zynische Betrachtung meinerseits, ich weiß). Vielfach sind es auch Menschen, die in angrenzenden Bereichen studiert haben. Sie müssen es ja wissen, weil sie in ihrem Studium Wissende geworden sind."

„Und was sagen sie?"

„Nahtoderlebnisse beruhen auf Sauerstoffmangel im Gehirn, sonst nichts."

„Damit meinst du sicherlich die Hardliner."

„Stimmt."

„Ist dir bekannt, warum sie diese Haltung haben?"

„Weil sie, meiner Meinung nach, sehr oft von angelerntem Wissen zu sehr eingenommen sind. Ein Nahtoderlebnis passt nicht in ihre wissenschaftliche Realität. Was nicht sein kann, das ist nicht. Ganz einfach."

„Sind denn alle so?"

„Es gibt glücklicherweise Ausnahmen. In den letzten Jahren hat sich das zu mehr Offenheit gewandelt."

„Hast du eine Idee, wie man diese Menschen überzeugen könnte?"

„Hardliner sind kaum zu überzeugen. Sie betrachten ausschließlich aus dem Blickwinkel, den sie haben. Sie lassen selten andere Meinungen gelten. Es muss beweisbar und wiederholbar sein. Sonst ist es unwissenschaftlich.

Wirklich überzeugen kann man sie nur, wenn sie selbst ein solches Erlebnis hatten, aber dann brauchen sie ja nicht mehr überzeugt werden, weil ja dann selbst erlebt."

„Wie reagieren sie dann darauf?"

„Das haut sie völlig aus den Stiefeln. Sie zweifeln, denn sie wussten es ja besser. Die wenigsten geben dann zu, dass sie wohl nicht so ganz richtig lagen."

„Was kannst du tun, um die Hardliner zu überzeugen oder zum Zuhören zu bewegen?"

„Heute lasse ich sie reden und steige nicht mehr auf ihre Gegenargumente ein."

„Wieso reagierst du dann ablehnend?"

„Ablehnend würde ich nicht sagen, Jonas. Ich stelle mir nur vor, wie ich reagieren würde, wenn mir jemand von etwas berichten will, was mich nicht im Geringsten interessiert. Denjenigen würde ich auch erst einmal mit hochgezogenen Augenbrauen anschauen."

„Und beweisen kannst du sowieso nichts."

„Genau, Jonas. Aber die Wissenschaft kann mir auch nicht das Gegenteil beweisen, und das freut mich innerlich schon, wenn ich das einmal so sagen darf."

„So hat jeder das Recht, eine eigene Meinung zu haben. Egal zu welchem Thema."

„Weißt du Jonas, ich kann mich eigentlich ganz entspannt zurücklehnen, und abwarten."

„Worauf willst du warten?"

„Alle Menschen werden diesen Weg einmal ge-
hen. Und dann sehen sie, dass ich nichts Blaues
vom Himmel gelogen habe."

„Das bringt dir nichts, weil sie sich in diesen Momenten nicht an dich erinnern werden. Du hast also nichts davon. Und die
große Mehrheit hatte ohnehin vorher kein
Nahtoderlebnis. Also worauf willst du
dann warten."

## Jonas, was kannst du zum Sterben sagen?

„Das Sterben ist (wie auch die Geburt) ein, für Menschen, unergründbarer Vorgang im Werden und Vergehen des Lebens im Wandlungsprinzip. Stell dir in etwa vor, dass Geburt und Sterben ein und derselbe Vorgang ist. Einmal geht's in die eine Richtung, und dann wieder in die andere Richtung. Je nachdem, wo gerade dein derzeitiger Aufenthaltsort ist. Eine Art Tor zwischen dem, was Menschen als Diesseits und Jenseits bezeichnen. Aber versuche erst gar nicht, dahinter steigen zu wollen. Es wird dir nicht gelingen eine rationale Erklärung zu finden. Und für die innere, menschliche Entwicklung wäre das ohnehin belanglos, weil das Suchen danach nicht zum besseren Verstehen führt, sondern nur mehr Verwirrung und Abkehr vom eigentlichen Weg der Entwicklung einbringt.

Mithin ergibt sich für jeden auch ein individuelles Sterben und auch eine individuelle Grenze zum Himmel. Darüber hinaus gibt es keine sogenannten Rückkehrer, die von der jenseitigen Welt wirklich berichten könnten. An der Schwelle zu stehen und Einblick zur anderen Seite zu haben, ist nicht dasselbe!"

„Ich selbst hatte bei meinem Nahtoderlebnis, von dieser Schwelle ausgehend, viel sehen dürfen. Überschritten habe ich sie nicht, das hast du ja verhindert, Jonas. Also war das so, als wenn ich ein Schulgebäude von außen sehen durfte, aber das Innere noch nicht kenne. Kann ich das so sagen?"

„Du durftest schon sehr in die einzelnen Klassen hineinsehen. Viel mehr als manch ein anderer.

Das, was du, und auch andere erlebt haben, war ein Einblick in eine euch unbekannte Welt. Dieser Einblick wurde mit großer Gnade gegeben. Das Warum ist wieder individuell und erschließt sich erst, wenn ihr im Himmel weilt."

„Also kann nichts Verbindliches darüber gesagt werden?"

„Richtig. Jeder stirbt faktisch für sich allein. Ich weiß, das hört sich grausam an. Aber nur aus eurer Sicht als Mensch."

„Warum ist der Sterbevorgang für einige Leute quälend und für andere nicht?"

„Die Gründe sind, wie gesagt, so vielfältig, wie es Wolkenformationen am Himmel gibt."

„Ich denke, dass der Übergang nicht immer mit Angst verbunden sein muss, stimmt das, Jonas?"

„Keineswegs."

„Wer könnte von Angst geplagt sein?"

„Vielleicht die, die noch nicht loslassen können. Aber ich wiederhole mich. Höre auf, das ergründen zu wollen. Es gelingt dir nicht. Zudem kannst du ja warten bist du dort bist. Dann weißt du es. Übe dich also in Geduld, mein Lieber."

„Ich sehe, eine Vorhersage ist gar nicht möglich."

„Und auch gar nicht nötig. Denke bitte immer wieder daran, auch du warst nur in der Nähe. Also sprich nicht von *schon mal da gewesen…*"

## Danach war ich anders

Wie anders, wurde mir erst später bewusst. Schon kurz nach diesem Ereignis bemerkte ich, dass ich mich verändert hatte. Richtig einordnen konnte ich das allerdings noch lange nicht."

„Können das andere, die ein ähnliches Erlebnis hatten, bestätigen?"

„Das können sie, ja."

„Versuche für mich, deine Veränderung zu beschreiben."

„Meine innere Einstellung zum Leben änderte sich."

„Wie darf ich das verstehen?"

„Ich achtete mehr auf die Bedürfnisse und Beweggründe anderer."

„Hast du etwa ein Helfersyndrom ent-
wickelt?"

„Nein. Ganz und gar nicht. Vorher hatte ich einfach wenig auf andere geachtet. Da hatte ich viel
zu viel mit mir selbst zu tun. Das hat sich geändert.
Viel mehr war da erst einmal nicht."

„Woher weißt du denn, wenn jemand Hilfe
braucht?"

„Ich fühle das mehr als früher. Es ist ein Denken
mit dem Herzen. Bei meinem Nahtoderlebnis habe
ich die Bedeutung dessen erkannt."

## Es brauchte viel Zeit

Mehr als dreißig Jahre habe ich benötigt, um die meisten Erlebnisteile zu verarbeiten."

„Ist das deine persönliche Erfahrung oder sagen das andere, die so etwas erlebt haben, auch?"

„Ich durfte mit vielen Menschen reden, die meine Erfahrungen teilen. Auch sie brauchten sehr lange zur Verarbeitung. Niemand sprach unmittelbar nach dem Erleben des Nahtodes darüber. Zu groß war der Einschnitt in ihrem Leben. Das mussten auch sie für sich selbst erst einmal verarbeiten."

„Sprechen sie denn heute darüber?"

„Oh ja, das tun sie. Aber nur in einem geschützten Rahmen. Sprechen sie außerhalb darüber, teilen sie meine schlechten Erfahrungen."

„Wie hast du diesen geschützten Rahmen gefunden?"

„Ganz einfach im Internet. Das ist heute ein guter Weg, um eine Suche zu beginnen. Es gibt Dialog-Gruppen und Selbsthilfegruppen zum Thema. Beide widmen sich in unterschiedlicher Form, um sich auszutauschen und gegenseitig zu helfen. Eine große Hilfe für alle Teilnehmer, weil hier niemand auf die Idee kommt, alles ins Lächerliche zu ziehen."

„Haben diese Teilnehmer auch ein erhöhtes Bedürfnis, anderen zu helfen?"

„Nicht immer, aber vielfach ist das so, ja. Man muss allerdings vorsichtig sein mit der Hilfe zu anderen, besonders in diesem Falle."

„Warum?"

„Da kann schnell eine Überheblichkeit entstehen."

„Denken Menschen mit einem Nahtoderlebnis grundsätzlich, dass sie nun besser
sind als die, die solche Erlebnisse nicht hatten? Und fühlst du dich selbst nun als ein
besserer Mensch als vorher?"

„Nein. Alle meine Macken von früher sind noch
da. Nur das etwas hinzugekommen ist."

„An Macken?"

„Vielleicht auch das. Mein Bedürfnis, anderen zu
helfen, ist nur intensiver geworden. Aber wie
schon angedeutet, Vorsicht ist immer angesagt,
damit man selbst nicht einer Überheblichkeit
verfällt, weil sich der Eindruck der Erleuchtung
einstellen könnte, und daraus ableitet andere
belehren zu können."

### Ich lasse mich nicht beirren

„Jonas, der Himmel ist für mich eine Herzensangelegenheit geworden."

„Was willst du mir damit sagen?"

„Ich lasse mich nicht mehr beirren in meiner Ausrichtung zum Himmel, das meine ich."

„Du nimmst den Himmel also als Realität an?"

„Mehr als das. Ich habe den Himmel, und damit auch dich, ja so gut wie hautnah erlebt. Damit ist es vom Glauben zum Wissen geworden."

„Gilt das auch für andere, die ein Nahtoderlebnis hatten?"

„Das weiß ich nicht. Ich kann nicht für andere sprechen, sondern nur für mich. Jeder muss das für sich selbst entscheiden."

„Gibt es für dich zwischen Glauben und Wissen einen Unterschied?"

„Eine gute Frage, Jonas. Ich denke, das Glaube auf Vertrauen aufbaut. Wissen hingegen hat, aus meiner Sicht, nicht viel mit Vertrauen zu tun, weil dort beweisbare Belege erforderlich sind. Ich meine hier nur meinen Glauben, der sich (nur für mich) zum Wissen gewandelt hat. "

„Ist denn Wissen für dich wichtiger als Glaube?"

„Auf keinen Fall. Ich denke, beides ergänzt sich wunderbar, wenn beide Seiten nicht auf Ihre eigene Sicht so beharren würden, als wenn sie wüssten, wo der Hammer hängt. Wenn ich Wissen als wichtiger erachten würde, müsste ich mich vom Glauben wieder trennen.

„Schließt sich denn beides aus?"

„Grundsätzlich nicht. Zum Wissen kann man auch über den Weg des Glaubens kommen. Das habe ich direkt so erfahren dürfen."

„Ist Wissen für dich parallel mit Glauben möglich?"

„Auf jeden Fall, Jonas. Was ich über den Himmel weiß, habe ich ausschließlich aus dem Nahtoderlebnis und von dir. In der Rückschau meines Erlebens über Glauben und Wissen sehe ich, dass mein Glaube vor dem Wissen stand. Das gilt für die Zeit nach dem Nahtoderlebnis. Vorher war das umgekehrt. Heute ergänzt sich beides in einer wundersamen Weise. Mein Glaube ist nun durch das Wissen viel fester geworden, und bleibt mehr in einer Art wissenden Glauben bestehen. Vielleicht kann man das besser ausdrücken, aber ich denke du weißt was ich damit sagen will."

„Ja das weiß ich."

## Resümee von Jonas

„Über den Tod zu sprechen ist eine recht heikle Angelegenheit. Du hast es hautnah erlebt, wie es ist, darüber unaufgefordert zu reden.

Eine Verallgemeinerung ist bei Nahtoderlebnissen ohnehin nicht möglich. Das es Erlebnisse nahe dem Tode gibt, ist mit irdischer Wissenschaft nicht belegbar. Dennoch sind sie Fakt für die, die es erlebt haben.

Ich werde für den Himmel und auch für mich selbst keine verbindliche Aussage machen, auch weil es für Menschen keine direkte Sterbehilfe ergäbe. Erfahrungen, auch diese, muss jeder für sich selbst machen. Einen Beipackzettel zum Sterben gibt es nicht. Gäbe es ihn, wäre er für jeden anders.

Dem Tode nahe zu sein und die endgültige Schwelle nicht zu übertreten, ist ein sehr persönliches Ereignis.

Die Auswirkungen auf das Leben danach sind oft ähnlich, was ich als positiven Aspekt ansehe.

Ich glaube dir, und auch den anderen, dass ihr danach euer menschliches Leben nicht mehr so gerne fortsetzen mochtet, weil eine Art Todessehnsucht nachhallt. Die meisten wollten nicht mehr zurück ins menschliche Dasein, auch weil eine wahrhaftige, schmerzfreie, als göttlich empfundene Liebe erfahren wurde. Irdische Liebe bereitet bekanntlich viel Leidenschaft, aber auch viel Leid. Das ist im Himmel eben anders.

Unabhängig davon sollte man sich nicht täuschen lassen von diesen schier unglaublichen Erfahrungen an der Schwelle zum Tod. Das Lernen geht im Himmel weiter. Oftmals viel intensiver als im menschlichen Sein. Das bedeutet aber nicht, dass ihr euch vor dem Tod fürchten müsst. Er ist ein Übergang, mehr nicht. Die Betrachtung eines Jenseits ist auch immer nur abhängig vom derzeitigen Standpunkt. Wir im Himmel sehen euch als die im Jenseits.

Viele wollen das Leben als Mensch mit der erfahrenen Liebe neu beleben, hadern aber mit der Sehnsucht nach dem wirklichen Zuhause. Es ist eben nicht leicht, solche Erfahrungen ins tägliche Leben zu integrieren.

Lasst euch nicht in einen inneren Konflikt bringen. Seht eure Berührung mit dem Himmel als absolutes Geschenk. Ihr könnt damit außerpersönliches Betrachten lernen. Das ist ein enormer Gewinn.

Freut euch deshalb auf neue Aufgaben, die noch vor euch liegen, so wie es auch vor dem Wechsel auf eine höhere Schule wäre.

Und rede nicht, wie gesagt, unaufgefordert über solche Dinge."

## Ein Nachtrag von mir

Nahtoderlebnisse haben nur Wenige.

Durch die vielen Gespräche mit Menschen, die mein Erlebnis teilen, ist mir aufgefallen, dass es viele Jahre, oder gar Jahrzehnte zur Verarbeitung braucht.

Egal, wie Skeptiker darüber urteilen, für mich war es eine einschneidende, lebensverändernde Erfahrung. Dass teilen so auch alle, die mit dem Himmel Berührung hatten.

Und dem Himmel bin ich selbst überhaupt erst dadurch wieder nähergekommen. Darüber hinaus hat sich mir die Gesamtwelt der Lebensbühne erschlossen. Durch meinen Einblick in diese Welt bekommen für mich Begriffe wie Diesseits und Jenseits eine übergreifende Bedeutung. Beides ist, grundsätzlich gesehen, eine Sicht aus dem augenblicklichen Standpunkt heraus. Beides gehört zusammen.

Überall ist Leben. Wie im Diesseits, so auch im Jenseits. Beide Seiten sind eine Einheit im Werden und Wachsen der Seele, weise eingebettet im Prinzip der Wandlung.

Die Zuversicht, die ich daraus schöpfen kann, ist wie eine tragende Berührung mit der wunderbaren Unendlichkeit des lichten Lebens.

**Spreche ich also heute noch über den Tod?**

Bedingt. Der Grund meiner Zurückhaltung liegt in der Angst vieler Menschen davor. Besonders im Mitteleuropa ist sie sehr verbreitet. Meine Erfahrungen mit diesen Gesprächen waren oft von dieser Angst anderer begleitet.

Die Jüngeren haben noch nicht den Tod auf dem Schirm. Da gibt es wichtigere Dinge zu tun, als an den Tod zu denken. *„Der ist noch weit weg"*, sagte mir einmal ein 25jähriger. Und er hatte ja irgendwie auch recht. Ich war in diesem Alter auch nicht anders.

Wenn allerdings in seiner unmittelbaren Nähe jemand stirbt, sei es durch Krankheit oder Unfall, dann tauchen doch schon Fragen auf. Diesen Menschen begegne ich dann mit viel Behutsamkeit und Vorsicht. Vom Tod und vom Sterben zu berichten ist immer eine heikle Sache. Gerade bei denen, die unmittelbar damit ungewollt Berührung haben.

Dieses Thema zu weit zu vertiefen, brächte nur weitere Angst. Meine Aufgabe sehe ich ausschließlich darin, demjenigen Mut zum Leben zu machen. Mein eigenes Nahtoderlebnis ist dabei sekundär. Zuhören steht dann im absoluten Vordergrund.

Ungefragt rede ich also gar nicht mehr davon. Es gibt zeitweise Anfragen aus der Presse, die sich diesem Thema zuwenden. Mir ist persönlich nicht ganz wohl dabei, weil ich solche Gespräche nicht aktiv steuern kann und damit die Gefahr des Verheizens dieses fragilen Themas gegeben wäre. Zudem gibt es seriöse Videos, wo mit viel Vorsicht an diesen Fragen gearbeitet wird.

Andere, die mit Nahtoderfahrungen, teilweise unbedarft nach außen traten, machten oft auch schlechte Erfahrungen damit. Vielfach leiden Partnerschaften darunter. Trennungen sind die Folge.

Aufgezwungenes Schweigen aus Angst, verunglimpft zu werden, kann zum inneren Zwiespalt führen und Abkapselung ergeben. Die Dosierung dabei ist wichtig, besonders für sich selbst. Jeder wird also gehalten sein, ein solches Erlebnis in seine eigene Welt so zu integrieren, dass es sich gut anfühlt. Wenn man da auf sein Herz hört, kann wenig schiefgehen.

Mir hat meine kämpferische Art geholfen, mit diesem Thema umzugehen. Sollen die anderen doch denken, was sie wollen. Ich gehe meinen Weg. Aber das kann ich als Ruheständler auch tun, denn ich bin von niemanden mehr abhängig.

Denen, die noch voll im beruflichen Saft stehen, rate ich ab, über Nahtoderfahrungen zu offen zu reden. Es bringt Unbill auch auf der Arbeitsstelle ein.

Wenn du dort davon berichten willst, dann kannst du auch gleich von fliegenden Untertassen erzählen. Das kommt auf dasselbe heraus.

## Danke für deine Zeit

Meine größte Freude wäre es, wenn du dem Gespräch mit Jonas etwas für dich entnehmen konntest. Vielleicht hast du ein paar Minuten, um dort, wo du dieses Büchlein erworben hast, ein paar Zeilen hineinzuschreiben.

Auf meiner Webseite:

www.gespräche-mit-jonas.de

freut sich auch mein Gästebuch auf dich :)